CONSULTATION

SUR

L'ELECTION DE M. DE BULLY,

DÉPUTÉ DU NORD.

CONSULTATION

SUR

L'ÉLECTION DE M. DE BULLY,

DÉPUTÉ DU NORD.

———

Les soussignés,

pétition en date à Lille du 18 janvier 1829, par laquelle 182 électeurs réclament contre l'admission de M. de Bully à la Chambre des Députés ;

2° La lettre de M. de Bully, sous la date du 28 *décembre* 1828, insérée au *Moniteur* du 30 ;

3° Mémoire à consulter de M. de Bully, et consultation à la suite en date du 2 mars 1829 par MM. Hennequin, Delacroix-Frainville, Archambault, Billecoq, Gayral, Thévenin, Louis Couture, Demante, Duranton, Berryer fils, Gaudry, Portets, Guichard et Laloux, ce dernier avocat à Douai ;

Invités à donner leur opinion sur la question de droit public qui est controversée entre M. de Bully et les électeurs ;

Vu les pièces justificatives énoncées auxdits Mémoires et quatre pièces nouvellement produites,

SONT D'AVIS des résolutions suivantes :

En fait, pour établir son cens d'éligibilité, M. de Bully se dit propriétaire de la moitié des biens situés communes d'Ouistreham et de Noyers, département du Calvados, payant au rôle de 1828 1,830 fr. 36 c., dont la moitié est 915 fr. 18 c.

Il convient que le contrat d'acquisition de ces biens a été passé au nom de sa sœur et de M. Roger, son beau-frère, *seuls*, en l'an XII; mais M. Roger étant décédé en 1820, sa veuve passa, dit-il, à son profit, au mois de septembre 1820, deux déclarations de co-propriété déposées à la mairie de Lille. Ces actes s'étant trouvés adhirés, elle fit, le 11 juin 1822, une déclaration semblable, légalisée par l'un des maires de Paris, qui a été déposée aux archives de la Chambre des Députés, lors de la vérification des pouvoirs de M. de Bully en 1822, avant que le changement fût opéré sur les rôles.

En vertu de cette déclaration, cette mutation ne put être faite qu'en juillet de la même année; mais sur la commune de Noyers elle a été portée à la date du 18 décembre 1821; sur la commune d'Ouistreham, elle eut lieu le 24 juillet en vertu de la réquisition signée Ch. de Bully : c'est M. de Bully fils qui s'est présenté sans aucun mandat. Il n'a point rapporté la déclaration du 11 juin; du moins le certificat du maire ne la relate pas, et se borne à dire, *lesquels sont propriétaires à titre d'acquisition par indivis,* ce qui est erroné en fait, puisque l'acquisition a été faite au nom de M. et Mme Roger, *seuls*.

Le 17 avril 1828, Mme veuve Roger et son second mari, M. Devillé, ont réalisé, par acte authentique, cette déclaration au profit de M. de Bully.

Enfin, M. Roger, devenu majeur, vient de tout ratifier par acte notarié du 21 janvier 1829.

Des électeurs du département du Nord, et même ceux de Caen, dans des pièces à nous remises, ont contesté cette co-propriété à M. de Bully, par le motif que les déclarations (non réprésentées) de 1820, et celle du 11 juin 1822, sont contredites :

Par le titre authentique de l'an XII ;

Par la déclaration faite les 3 et 5 juillet 1820, pour l'acquit des droits de mutation qui constatent que M. Roger fils, mineur, était propriétaire pour trois huitièmes dans lesdits biens, comme héritier de son père, et Mme sa mère pour les cinq autres huitièmes (sans participation de M. de Bully) ;

Par le compte rendu des fermages, le 23 septembre 1825, par le gérant, à M. Devillé, second mari de madame Roger, et par un bail des mêmes biens, fait le 3 juillet 1827, au nom de madame Devillé et de M. Roger fils, *comme seuls propriétaires*, sans aucune mention de M. de Bully.

Ils ont obtenu du ministre des finances, du préfet et du directeur des contributions, que la mutation opérée en 1822 serait annulée comme irrégulière, attendu la NON AUTHENTICITÉ des déclarations (30 décembre 1828).

A l'égard de l'acte authentique du 17 avril 1828, si, sur sa portion dans lesdits biens, madame veuve

Roger a pu disposer d'une moitié, la possession annale ne sera acquise à M. de Bully qu'au mois d'avril 1829.

Si même cet acte était radicalement nul comme préjudiciable à son fils alors mineur, la possession annale n'aurait lieu que le 21 janvier 1830.

Le préfet du département du Nord, par un arrêté du 5 décembre 1828, que M. de Bully n'a pas attaqué devant la cour royale, malgré la notification à lui faite, a rayé M. de Bully de la liste électorale.

Mais tel est l'état de la question quant aux contributions du Calvados. Pour compléter le cens d'éligibilité, il manquerait encore à M. de Bully 84 fr. 32 c.

Il revendique 90 fr. 91 c. d'impôts pour moitié des contributions mobilière et des portes et fenêtres du local qu'il occupe à Lille, indépendamment d'une contribution personnelle de 4 fr. 30 c.

Un certificat produit à la Chambre des députés au sujet des contributions directes de Lille, comprend M. de Bully, sans désignation, pour 189 fr. 38 c. de contribution foncière, 79 fr. 7 c. de portes et fenêtres, 102 fr. 8 c. de cote mobilière, et 4 fr. 30 c. de contribution personnelle.

M. de Bully a déclaré par un acte aussi déposé à la Chambre, que sur l'extrait ci-dessus, il ne devait être porté à son compte que moitié de l'impôt mobilier et celui des portes et fenêtres.

Enfin, un 4e acte aussi produit pour justifier de

son éligibilité, délivré par le maire de Lille, sur l'attestation de sept négocians et propriétaires, atteste que M. de Bully occupe, depuis 1826, la maison dont il s'agit, comme principal locataire, qu'il y tient seul le ménage, que son fils n'y est que son commensal, et n'en occupe que quelques pièces pour son usage et celui de ses bureaux.

Le préfet du Nord, par un premier arrêté du 23 avril 1828, a trouvé cette justification suffisante et il a attribué à M. de Bully à ce titre une contribution additionnelle de 95 f. 21 c.

Par l'arrêté subséquent du 5 décembre 1828, le préfet n'a pu rien statuer sur ce point ; M. de Bully ayant abandonné ses prétentions à cette contribution, il a été rayé de la liste électorale, son cens étant insuffisant pour qu'il fût reconnu électeur.

Les pétitionnaires soutiennent qu'il ne paie réellement à Lille que 4 f. 3o c. selon les rôles de 1827 et de 1828, parce que la maison où il demeure appartient de son aveu à son fils, et parce qu'il ne produit aucun bail authentique émané du propriétaire, pour s'attribuer les portes et fenêtres et la contribution mobilière.

En tous cas, il n'y a pas d'acte administratif qui en ait opéré la division entre lui et son fils, à raison du local qu'ils occupent respectivement.

Le fils est payeur du département, il a des bureaux, il est marié, il a apporté en mariage pour 26,250 f. de meubles *meublans*. Comment admettre sans autre justification qu'une déclaration de sept témoins que M. de Bully père est principal locataire et que le fils est son commensal ?

Tels étant les faits, voici comment raisonnent les défenseurs de M. de Bully :

L'acquisition en l'an XII a pu être faite pour lui par un tiers, en vertu d'un mandat *verbal*, sans que son nom figurât au contrat. Il est vrai qu'il suivait la foi de ce tiers ; mais, d'après les déclarations géminées de 1820 et de 1822, les tribunaux le déclareraient propriétaire.

Nous répondons que, pour que cette vente existât, il faudrait que les déclarations de 1820 et de 1822 fussent émanées, non pas seulement de Mad. veuve Roger, mais aussi de l'héritier de son mari qu'elles dépouillent d'un droit immobilier ; que les actes passés par Mad. veuve Roger, comme tutrice de son fils mineur, sont radicalement nuls (art. 457 du code civil) ; les déclarations de 1820, 1822 et 1828 n'ont donc d'effet à l'égard de M. Roger fils qu'à partir de sa ratification du 21 janvier 1829.

Dans l'hypothèse où M. de Bully n'aurait pas eu de droit de co-propriété dans ces biens, Mad. veuve Roger étant saisie pour sa part de cinq huitièmes, a pu sans doute transférer à M. de Bully la moitié ; ainsi la mutation faite en décembre 1821 et juillet 1822 aurait été régulière.

Nous répondons que la déclaration du 11 juin 1822 (car celle de 1820 n'existe pas), ne porte pas, comme l'acte du 17 avril 1828, cession expresse de la moitié par *Mad. veuve Roger*, et sur sa part, mais la simple attestation d'un fait de co-propriété pour moitié *avec elle*, fait dont la fausseté résulte des déclarations de mutation des 3 et 5 juillet 1820, où la co-propriété de son fils mineur (dissimulée dans la déclaration du 11 juin 1822) est établie, et nous pensons qu'au moyen de cette erreur ou de cette fausseté, M. de Bully n'aurait pas obtenu en justice la mise en possession de la moitié des biens. Aussi, est-ce pour suppléer à l'irrégularité de cet acte, d'ailleurs unilatéral, qu'a été fait l'acte du 17 avril 1828.

Cet acte, nous en convenons, a investi M. de Bully de la propriété de moitié des biens ; mais la possession ne sera accomplie qu'au 17 avril prochain. Il ne l'avait pas quand il s'est présenté à la Chambre comme député en 1828.

Les conseils de M. de Bully se retranchent à sou tenir que la déclaration de 1822 ayant acquis date certaine par la légalisation de l'un des maires de Paris, par la transcription du 24 juillet à la direction des contributions et par son dépôt à la Chambre des Députés, devait être considérée comme valable par les tribunaux, l'administration, et par les électeurs.

Nous reconnaissons que la date de cet acte, tant que la signature ne sera pas impugnée de faux, est certaine et remonte à l'année 1822, mais nous ne croyons pas qu'une déclaration de ce genre fût translative de propriété. Elle a trop l'apparence d'un acte de complaisance fait par une sœur à son frère, pour conférer une eligibilité qui , sans cela , lui eût manqué , et les tribunaux n'y verraient pas autre chose.

Si M. de Bully a réellement acquis et payé, en l'an XII *, la moitié de la propriété, il est inconcevable qu'il ne produise pas une contre-lettre de M. Roger, son beau-frère , ou une correspondance qui en tienne lieu.*

Mais , au reste , est-ce bien là la question ? la décision à prendre , ne doit-elle pas se résoudre par le droit politique et non par le droit civil ?

Le droit politique se compose ici des règles qui définissent la capacité électorale ; et , par une juste analogie, l'éligibilité. Or, il est de principe que les actes sous seing privé n'ont d'effet à l'égard des électeurs qui sont des tiers, qu'autant qu'ils sont en forme *authentique*. En effet , les tiers ne sont pas obligés de croire à la vérité de la signature qui n'est point attestée par un officier public.

Nous avons fait aux défenseurs de M. de Bully la concession de la *certitude de la date*, mais le préfet et le ministre ont annulé la mutation par défaut d'*autenthicité* du titre. La signature existant au bas de la déclaration de 1822 , n'a pas été rendue authentique par la légalisation du maire, ou par le *certifié véritable* de M. de Bully lui-même ou de son fils. D'une part, on ne peut se faire de titre à soi-même ; de l'autre , un maire n'a point qualité pour certifier l'authenticité des signatures. C'est un point certain de jurisprudence que ne méconnaissent point les honorables jurisconsultes qui ont signé la consultation de M. de Bully. Quelquefois l'administration s'est contentée, pour ce qui la concerne, de semblables légalisations, quand il s'agissait d'intérêts légers ; mais ici l'administration répond aux tiers de ses actes ; car il s'agit d'une garantie politique, d'empêcher l'usurpation d'un droit civique.

Il est dit, page 38 de la consultation pour M. de Bully : « Que c'est méconnaître le sens de l'article 12 « de la loi du 2 juillet 1828, que d'y trouver pour « les électeurs des droits différens de ceux attribués « à l'administration. »

Les signataires de la consultation ont raison quant à l'objet qu'ils ont discuté, la *date* de la déclaration. Celle-ci est certaine et authentique ; mais il n'en est pas de même de la signature qui, n'ayant pas de caractère authentique, a pu être méconnue par les électeurs, et a dû l'être en conséquence par l'administration, parce que celle-ci ne doit pas reconnaître des droits publics non rigoureusement établis. Elle se rendrait complice de l'usurpation des droits civiques.

C'est en vertu de ce principe que M. Roy, ministre des finances, que le préfet du Calvados, celui du Nord, et le directeur des contributions ont annulé la mutation de 1821 et de 1822, comme faite en l'absence d'acte authentique, et en cela ils ont consacré l'une des garanties les plus précieuses en matière électorale.

La Chambre des députés est trop éclairée, elle a

trop de sollicitude pour nos libertés pour blâmer cette rigueur de principe ; cette rigueur est salutaire, elle est légale ; il faut la maintenir religieusement.

Si M. de Bully croyait à l'illégalité de la mesure, que ne s'est-il pourvu contre la décision de l'administration ?

Relativement aux contributions de Lille, les conseils de M. de Bully conviennent qu'il ne peut s'attribuer toutes celles qui sont inscrites au rôle des contributions de 1828 et qui, par un phénomène remarquable, *sans justification aucune*, seraient passées sur sa tête, quoiqu'elles fussent sur les rôles de 1827, sous le nom de M. Bully fils, payeur du département et propriétaire de la maison.

Les pétitionnaires se plaignent à cet égard d'une fraude dont l'évidence, selon eux, résulte du rapprochement des rôles de 1827, où M. de Bully père n'était en effet porté que pour 4 fr. 30 c.

Il n'a pu en 1828 être investi de la propriété de la maison de Lille, puisque de son aveu elle appartenait à son fils.

Les pétitionnaires expliquent cette fraude, par la substitution du nom de M. Bully père à celui de son fils sur l'extrait délivré le 1er mars par le percepteur Carion, extrait qui ne serait pas même conforme à la matrice des rôles ; M. de Bully fils n'a pu évidemment, sans déclaration de mutation, perdre la somme d'impôt qui lui était attribuée par les rôles de 1827.

On ne peut se dissimuler la gravité de ces reproches : y a-t-il substitution d'un nom à un autre sur l'extrait produit à la Chambre ? ce qui rend le fait vraisemblable, c'est qu'il n'existe pas d'acte de mutation ; c'est que l'impôt de la propriété bâtie appartient incontestablement et exclusivement à M. de Bully fils en 1828, comme en 1827.

C'est que M. de Bully père n'a pas réclamé en 1827 contre le rôle qui ne lui attribuait que 4 fr. 30 c. d'impôts à Lille et n'a point revendiqué la moitié des contributions mobilière et des portes et fenêtres de son fils, comme il le fait aujourd'hui.

C'est qu'aucune formalité n'a été remplie pour obtenir la modification des rôles de 1828 à cet égard. Si une demande eût été faite, l'administration aurait été dans l'obligation d'envoyer le contrôleur vérifier le nombre et l'état des appartemens occupés par M. de Bully père et des portes et fenêtres en dépendant, comme le préfet de la Seine l'a ordonné sur la réclamation de M. Quiclet contre M. le président Amy.

Ainsi on na pu attribuer à M. de Bully père un impôt qu'on savait ne pas lui appartenir, et aujourd'hui les conseils de M. de Bully ne sont pas fondés à soutenir que la moitié des impôts mobilier et des portes et fenêtres de la maison de Lille lui appartient, puisque la fixation ne pouvait en être faite que par l'intervention de l'autorité.

C'est ici le lieu de signaler la fausse application que les conseils de M. de Bully ont faite (page 42 de leur consultation), de l'ordonnance du 22 octobre 1820 , relative à M. Kœchlin, et des instructions de 1817, question 15.

Sans doute, s'il y a erreur sur les rôles, l'erreur peut être rectifiée ; mais par qui ? par l'autorité chargée de leur confection. C'est ce que décident les autorités invoquées, et c'est ce que la Chambre a décidé aussi dans une circonstance bien remarquable au sujet de M. de Marchangy, le 17 avril 1824. Ce magistrat n'était inscrit sur les rôles que pour un loyer de 3,000 fr. Il rapporta à la Chambre un bail sous seing privé qui lui attribuait 6,000 (M. de Bully ne produit rien, qu'un acte de notoriété). La Chambre rejeta l'élection de M. de Marchangy.

On a invoqué encore une décision du 25 mars 1824 , relative à M. le général Foy, de laquelle il résulterait que cet honorable député aurait été admis, quoique non inscrit sur les rôles , par l'effet d'une omission.

Il est bon de dire que cette omission avait été réparée par décision du ministre des finances, et, qu'ici M. de Bully a contre lui la décision de ce ministre.

Au reste, la question relative au général Foy parut si grave, qu'elle ne fut pas résolue dans la séance du 25 mars ; dans celle du 26 (voyez *Moniteur* du 27, page 346, première colonne), le général fut admis par la Chambre parce qu'il payait mille francs sans autre explication , en vertu de productions nou-

veiles, ce qui dispensa d'examiner la question sou-
levée la veille, que M. Dudon et le ministre décla-
raient être très grave.

A l'égard de M. le général Partouneaux , il n'y a
pas eu de discussion, par conséquent pas de jugement. D'ailleurs les militaires, quant à leur contribution personnelle et mobilière , sont soumis à une
législation spéciale qui n'est pas applicable à M. de
Bully (voyez ce qu'a dit M. de Villèle en la séance
du 25 mars, relative à M. le général Foy).

M. de Bully a été mis en demeure de régulariser
son cens électoral ; non-seulement il ne l'a pas fait,
mais il a déclaré, par une lettre du *Moniteur* du 30
décembre 1828 , qu'il s'y refusait.

Ses conseils n'ont point cherché à justifier ce re-
fus. Comment en effet, un député, qui doit l'exemple
de la soumission aux lois et du respect aux magistrats
organes de la société , a-t-il pu ne pas relever appel
devant la Cour royale de Douai, de l'arrêté du préfet
du Nord, du 5 décembre 1828, qui le raye de la liste
des électeurs ? Si cet arrêté lui faisait grief , comment
a-t-il pu le laisser passer en force de chose jugée ?

M. de Bully prétend s'être abstenu par respect
pour les décisions de la Chambre des députés, et pour
ne pas remettre en question , devant des pouvoirs
inférieurs, la chose jugée souverainement par elle.

Rien n'est plus vrai que les décisions de la Chambre sont souveraines en matière de vérification de
pouvoirs.

Mais rien aussi n'est plus certain que les décisions

non attaquées , rendues par les préfets en matière électorale, ont l'autorité de la chose jugée.

M. de Bully s'est donc, par son choix, par sa volonté, déclaré incapable d'être électeur et juré, et il prétend rester député !

Serait-il vrai que celui qui ne peut pas juger ses concitoyens , qui ne peut pas déposer un vote dans l'urne électorale pour nommer un député, puisse rester député lui-même, et concourir à la confection des lois?

N'y a-t-il pas là une anomalie de nature à frapper tous les esprits? On ne concevra jamais par quelle fiction de droit, le vice inhérent à la possession de M. de Bully pourra être couvert.

Il y a réellement ici inconciliabilité de décision qui appelle une révision. D'où procède en effet le pouvoir d'un député? Il procède , non pas seulement du choix de la majorité des électeurs, mais de la possession d'un cens de 1000 fr.

Il est constant, en fait, que M. de Bully ne jouit pas d'un cens de 300 fr.

Il est constant qu'il n'en jouissait pas en 1828, lors de son admission dans la Chambre, ni en 1824, ni en 1822 , lors des admissions précédentes.

Si le député une fois admis ne peut pas être soumis à une justification annale de sa capacité, encore faut-il qu'il en ait justifié une fois. C'est , dit-on, ce qu'il a fait ; il y a eu jugement de la Chambre des députés.

Ici, rappellons une concession qui ne sera sans doute pas rétractée devant la Chambre, et que les honorables jurisconsultes auxquels M. de Bully a confié l'examen de sa cause n'ont pu empêcher de faire.

« Un député frappé d'interdiction, un homme
« convaincu d'avoir surpris la religion de la Cham-
« bre par des pièces fabriquées (disent-ils, page 27)
« conserverait-il le droit de se maintenir dans des
« fonctions que sa raison affaiblie ne lui permettrait
« plus d'exercer, ou dans un titre usurpé? Non. »

Non, dirons-nous à notre tour : la dignité bien entendue de la Chambre, l'honneur, la justice et la loi ne le permettent pas.

Il y a dans l'espèce de pièces nouvelles rapportées à la Chambre et qu'elle ne connaissait pas en 1828 ; M. de Bully s'est évidemment attribué sur les rôles de 1828, les contributions assises sur la maison appartenant à son fils. Il avait parlé dans sa lettre au ministre de l'intérieur, de supplément de contribu tions pour des biens situés dans la somme. Il n'a jamais fait de production à cet égard, ni devant la Chambre ni devant l'administration.

Nous pensons que M. de Bully n'était réellemeut pas éligible en 1827.

Délibéré à Paris le 6 mars 1829.

Signé ISAMBERT,

BERRYER père,

BOURGUIGNON,

Jos. MÉRILHOU.

Le soussigné, sans rien vouloir préjuger sur la

question de droit public, dont l'examen appartient à la chambre, est, quant à la question de fait, entièrement de l'avis de son confrère.

Signé, BERVILLE,
DALLOZ, EDMOND BLANC,
PERSIL, LASSIS,
A. TAILLANDIER.

Le conseil soussigné adhère à la consultation délibérée par M. Isambert, il se borne à ajouter une observation qui lui paraît grave, contre l'espèce de fin de non-recevoir que l'on voudrait faire résulter de l'admission de M. de Bully par la chambre des députés.

Dans la dernière session, une pétition signée de soixante électeurs tendant à établir que M. de Bully ne jouissait pas de la capacité électorale fut présentée à la chambre; les pétitionnaires demandaient le renvoi des pièces devant Mᵍʳ. le Garde des Sceaux pour en faire la vérification, quoique le nouveau député eût été aussi admis par la chambre; personne ne présenta cette circonstance comme une fin de non-recevoir; la discussion s'engagea sur le seul point de savoir, s'il devait y avoir lieu au renvoi demandé ou à l'ordre du jour, sur la pétition; et l'on annonce que l'ordre du jour ne fut prononcé qu'à une faible majorité.

Si quelques membres de plus s'étaient prononcés pour l'opinion contraire, il est certain que par le résultat du renvoi une sorte d'enquête aurait eu lieu, sur le mérite de l'élection, quoiqu'elle eût été validée par la chambre elle-même.

Ce précédent, personnel à M. de Bully, s'applique plus naturellement à sa position actuelle que ceux qui ont été invoqués dans la consultation délibérée en sa faveur : aussi le conseil soussigné pense que s'il y a convenance, pour M. de Bully, de ne pas invoquer une décision qui a pu ne pas être rendue en pleine connaissance de cause, puisque de nouvelles pièces sont produites aujourd'hui, la chambre peut elle-même, sans compromettre sa dignité et en reconnaissant que sa première décision a été erronée, revenir sur cette décision ou ordonner du moins un nouvel examen des faits et des actes respectivement invoqués.

Délibéré à Paris, ce 10 mars 1829.

Signé COFFINIÈRES,
CHAIX D'EST-ANGE.

Sur le fait qui est l'objet de la pétition, le soussigné pourrait hésiter à admettre les déclarations ou contre-lettres par lesquelles M. de Bully s'attribue les contributions d'une propriété qui n'a été ni acquise ni possédée par lui, et parce que ces déclarations ou contre-lettres faites et renouvelées lors des élections, ont un caractère évidemment circonstanciel, et parce qu'elles ont été souscrites par la veuve

Roger qui n'avait pas le droit de disposer d'un im-
meuble qui lui appartenait par indivis avec son fils, et
parce qu'enfin il est difficile d'admettre qu'une acquisition de quelqu'importance eût été faite par M. de
Bully et de ses deniers, et que lors de cette acquisition, il n'y ait pas eu au moins un acte sous signature
privée qui ai garanti sa co-propriété contre les prétentions que des héritiers ou des tiers pourraient
exercer.

A cet égard, le ministre des finances, en annu-
lant la mutation opérée sur le rôle des contribu-
rions, le préfet du département du Nord, en
tayant M. de Bully de la liste des électeurs, nous
paraissent avoir fait bonne justice, et M. de Bully,
en passant condamnation sur cette double décision, leur a imprimé une nouvelle force. Quant à
la contribution mobilière, et à celle des portes
et fenêtres, elle doit être comptée au propriétaire
de la maison, à moins de location justifiée. M. de
Bully père, habitant une maison qui est la por-
priété de son fils, et n'alléguant même pas un bail
verbal, ce n'est pas sans surprise et sans une forte
prévention de fraude, qu'on voit la totalité de
cette contribution et même la contribution foncière
de la maison, reportée tout entière sur M. de Bully
père, dans l'extrait du rôle des contributions qui
a été produit à la chambre. Il y a là un fait digne des
investigations de la chambre ; car, s'il n'y a pas eu

erreur, il y a fraude, et la responsabilité d'un des agens
de l'administration est compromise : mais en la forme, et sur la question préjudicielle relative au pouvoir de révision que les consultans voudraient attribuer à la chambre, le soussigné ne peut reconnaître
un pareil pouvoir. La juridiction de la chambre sur
ses membres est et doit être rigoureusement restreinte ;
elle n'a rien de commun avec la juridiction ordi-
naire des tribunaux ; les voies de requête civile,
d'opposition ou de révision ne pourraient être ad-
mises par l'effet d'une analogie qui n'existe pas. L'élu,
avant que ses pouvoirs soient vérifiés, est justiciable
de la chambre ; quand cette vérification est faite, *il
est député*; il est, quant à son caractère de *député*,
l'égal de tous ses collégues réunis, il n'est plus, quant
à ce, justiciable de personne. Ce principe paraît
d'une si haute importance qu'il doit être maintenu,
alors même qu'il y aurait évidence que la religion
de la chambre aurait été surprise.

Délibéré, à Paris, le 6 mars 1829.

Signé ODILON-BARROT.

Le Conseil soussigné adhère aux solutions que
présentent les consultations qui précèdent. Il est
surtout déterminé par cette considération, que, si
des déclarations irrégulières comme celles de Mme Roger pouvaient être accueillies et conférer l'éligibilité

à celui au profit de qui elles seraien tfaites , il serait facile d'éluder la loi relative aux conditions requises dans les personnes appelées à siéger à la Chambre des Députés. La loi civile ne permettrait pas d'accueillir de tels actes pour contracter le droit le moins important à l'égard d'un tiers intéressé à le contredire ! Il n'est plus un droit renfermé dans le cercle étroit d'un intérêt privé : c'est le plus grave, le plus important, le plus élevé des droits sociaux qu'il s'agit de conférer ! C'est une portion de la puissance législative qu'on veut se faire attribuer ! Et le tiers intéressé à contredire n'est pas un simple citoyen : c'est la France entière.

Quant à la fin de non-recevoir tirée de la chose jugée, il ne nous semble pas qu'il doive être permis à M. de Bully de s'y réfugier. Tous les actes qu'il s'agit d'apprécier n'ont été produits et connus qu'après l'admission de M. de Bully. Cette admission n'a donc pu juger ce qui n'était pas mis en jugement. D'ailleurs, le cas de fraude fait exception à toutes les règles ordinaires du droit ! Or, ici la fraude se manifeste à toutes les époques et dans toutes les parties de cette fâcheuse affaire.

Suivant M. de Bully, s'il n'a point figuré dans l'acte du 20 brumaire an XII (1803), c'est qu'il voulait enlever au fisc qui l'employait l'affectation hypothécaire à laquelle la loi l'assujétissait. Ainsi, il ne se justifie d'une fraude de la loi électorale que par une fraude de la loi qui le régissait comme comptable.

Mais si le fait allégué etait vrai, il existerait quelques traces de cette communauté entre son beau-frère et lui. Il y aurait quelques comptes, quelques bribes de correspondance à cet égard. Il n'y a pas 17 ans de co-propriété entre deux individus sans qu'il en reste quelques traces.

Quelle est donc ensuite cette déclaration de 1820 qu'on a soin de faire disparaître ? Quels sont tous ces extraits de rôles marqués au coin du faux et de l'infidélité ?

La vérité, la charte, la loi élective, la dignité de la Chambre, voilà l'autorité à consulter pour juger la question, et ma réponse en faveur des pétitionnaires est unanime.

Paris, 12 mars 1820.

Signé DUPIN JEUNE.